BEI GRIN MACHT SICH IHR WISSEN BEZAHLT

AF145160

- Wir veröffentlichen Ihre Hausarbeit,
  Bachelor- und Masterarbeit

- Ihr eigenes eBook und Buch -
  weltweit in allen wichtigen Shops

- Verdienen Sie an jedem Verkauf

Jetzt bei www.GRIN.com hochladen und kostenlos publizieren

Bibliografische Information der Deutschen Nationalbibliothek:

Die Deutsche Bibliothek verzeichnet diese Publikation in der Deutschen National-bibliografie; detaillierte bibliografische Daten sind im Internet über http://dnb.d-nb.de/ abrufbar.

Dieses Werk sowie alle darin enthaltenen einzelnen Beiträge und Abbildungen sind urheberrechtlich geschützt. Jede Verwertung, die nicht ausdrücklich vom Urheberrechtsschutz zugelassen ist, bedarf der vorherigen Zustimmung des Verlages. Das gilt insbesondere für Vervielfältigungen, Bearbeitungen, Übersetzungen, Mikroverfilmungen, Auswertungen durch Datenbanken und für die Einspeicherung und Verarbeitung in elektronische Systeme. Alle Rechte, auch die des auszugsweisen Nachdrucks, der fotomechanischen Wiedergabe (einschließlich Mikrokopie) sowie der Auswertung durch Datenbanken oder ähnliche Einrichtungen, vorbehalten.

Impressum:

Copyright © 2018 GRIN Verlag
Druck und Bindung: Books on Demand GmbH, Norderstedt Germany
ISBN: 9783668736597

Dieses Buch bei GRIN:

https://www.grin.com/document/430745

Daniela Rabe

Versionsverwaltung mit Git

GRIN Verlag

GRIN - Your knowledge has value

Der GRIN Verlag publiziert seit 1998 wissenschaftliche Arbeiten von Studenten, Hochschullehrern und anderen Akademikern als eBook und gedrucktes Buch. Die Verlagswebsite www.grin.com ist die ideale Plattform zur Veröffentlichung von Hausarbeiten, Abschlussarbeiten, wissenschaftlichen Aufsätzen, Dissertationen und Fachbüchern.

Besuchen Sie uns im Internet:

http://www.grin.com/

http://www.facebook.com/grincom

http://www.twitter.com/grin_com

Fernuniversität in Hagen
LG Programmiersysteme
Moderne Programmiertechniken und -Methoden
WS 2017-18

Versionsverwaltung mit Git

Daniela Rabe
21.12.2017

Inhaltsverzeichnis

1 Einführung

1.1 Was ist Git?

Einfach gesagt ist Git ein Versionskontrollsystem, also ein "Werkzeug, das unterschiedliche Versionen von Software oder anderen Inhalten verwaltet und überwacht".[1] Andere bekannte Systeme sind beispielsweise SVN, CVS oder Bazaar. Man kann diese Systeme in zwei Gruppen unterteilen: Zentrale und dezentrale (verteilte) Systeme. Git gehört in die Gruppe der verteilten Versionskontrollsysteme. In zentralen Systemen gibt es einen Hauptserver, auf dem das Projekt liegt und mit dem sich jeder Entwickler[2] immer wieder verbindet, um seine Änderungen einzupflegen oder sich die aktuelle Version herunterzuladen. Im Gegensatz hierzu gibt es bei verteilten Versionskontrollsystemen wie Git diverse gleichwertige Instanzen des Repositorys. Jeder Entwickler verfügt über eine vollständige lokale Kopie des Projekts, was zum Einen den Vorteil hat, dass auch ohne permanente Verbindung zum Server gearbeitet werden kann, zum Anderen ist es sicherer. Im Falle, dass der Server zeitweise ausfällt oder sogar ganz und gar beschädigt wird, kann trotzdem weiter an dem Projekt gearbeitet werden und es gäbe weiterhin noch aktuelle Kopien des Projekts.[3]

In der Praxis existiert wohl in den meisten Fällen aber doch ein zentrales Repository, mit dem die Entwickler ihre lokalen Repositories synchronisieren, da so der Austausch zwischen den Entwicklern erleichtert wird. Wer also eine Änderung vornehmen möchte, lädt sich eine vollständige Kopie der aktuellen Version herunter, bearbeitet diese und schickt sie anschließend wieder an den Server zurück. Durch die lokale Kopie können alle Vorgänge, außer der Synchronisation mit dem entfernten Repository, lokal stattfinden. Sogar Commits und Checkouts finden bei Git zunächst lokal statt (dazu später mehr), genau wie das Einsehen oder Bearbeiten der Versionsgeschichte oder der Wechsel in einen anderen Branch (Entwicklungszweig, s.u.). Eine Internetverbindung ist demzufolge nur selten notwendig.[4]

Eine andere Variante, die ohne zentrales Repository auskommt, ist der "Integration Manager Workflow". Hier gibt es statt des zentralen Repository nur ein quasi-offizielles Repository, das blessed („gesegnet") genannt wird. Der Zugriff hierauf ist beschränkt und erlaubt nur wenigen, sogenannten "Maintainern", Schreibzugriff. Es darf aber von jedem, der daran arbeiten will, geklont werden. Die Änderungen werden dann nicht direkt zurück übertragen, sondern gehen zunächst in ein öffentliches Developer-Public Repository. Daraufhin sendet der Entwickler an den Maintainer einen sogenannten Pull-Request, also die Aufforderung, die eigenen Änderungen zu übernehmen. Bevor diese Änderungen also ins Haupt-Repository gelangen, können sie vom Maintainer überprüft werden. Der Vorteil dieser Vorgehensweise liegt vor allem darin, dass auch andere interessierte User Zugriff auf die öffentlichen Entwickler-Repositories bekommen können, um zum Beispiel schon kleine Änderungen auszuprobieren, bevor diese in eine offizielle Version eingepflegt werden.[5]

Firmen und Projekte, die aktuell mittels Git entwickeln sind z.B. Google, Microsoft, Twitter, O'Reilly, PostgreSQL, Eclipse, Netflix und natürlich Linux.[6]

---

1   [LOE] - S. 24
2   Aus Gründen der Leserlichkeit beschränke ich mich auf die männliche Variante.
3   [GITBU.CH] - S. 1
4   [GITBU.CH] - S. 131
5   [GITBU.CH] - S. 155ff
6   [LAS] - S. 5

1.2 Die Geschichte hinter Git

Da die Arbeit am Linux-Kernel von Entwicklern auf der ganzen Welt betrieben wird, nutzte man dafür ursprünglich das verteile Versionskontrollsystem BitKeeper. Dieses änderte jedoch 2005 seine Lizenz, so dass es nicht mehr kostenlos genutzt werden konnte. Da Linux-Initiator Linus Torvalds mit keiner der zu dieser Zeit verfügbaren Alternativen zufrieden war, beschloss er, sein eigenes Versionskontrollsystem zu entwickeln. Dabei legte er vor allem Wert auf verteilte Entwicklung (durch tausende Entwickler), eine möglichst hohe Effizienz bei der Ausführung, ein Erzwingen von Verantwortlichkeiten (Transparenz darüber, wer welche Änderungen eingefügt hat) und die Unterstützung der verzweigten Entwicklung. Nachdem die Grundlage geschaffen worden war, erblickte Git im April 2005 das Licht der Welt.

Für die Namenswahl von Git gibt es diverse Theorien. Abgesehen davon, dass das Wort im Softwarebereich noch nicht anderweitig belegt war und praktikabel ist, erklärt Linus Torvalds es damit, dass er eben ein egoistischer Kerl sei, und alle seine Projekte nach sich benenne, erst Linux, jetzt Git (was soviel wie "Blödmann" bedeutet). Inzwischen existieren auch vernünftigere Interpretationen wie "Global Information Tracker".[7]

2 Git-Objekte

Alle in einem Repository gespeicherten Daten liegen als Git-Objekte vor. Git unterscheidet dabei lediglich vier Objekttypen: Blobs, Bäume, Commits und Tags.

Blob ist die Kurzform von "Binary Large Object" und enthält den Inhalt einer Datei, aber keine Metadaten, auch nicht den Dateinamen. Ein Blob entspricht immer einer Datei zu einem Zeitpunkt, das heißt bei Änderungen an der Datei wird jede Version als ein Blob dargestellt.

Ein *Baumobjekt* (Tree) repräsentiert eine Ebene von Verzeichnisinformationen, stellt also eine Hierarchie aus Dateien (Blobs) und Unterverzeichnissen (anderen Trees) dar und entspricht demzufolge einem Verzeichnis.

Commit-Objekte enthalten Metadaten für jede Änderung, die im Repository vorgenommen wurde, zum Beispiel den Autor, die Lognachricht, den Zeitpunkt des Commits usw. Sie stellen darüber hinaus aber auch den kompletten Zustand des Projekts zu einem bestimmten Zeitpunkt dar. Das Commit-Objekt enthält also genau eine Referenz auf einen Tree, und zwar auf den Tree des Projekt-Inhalts.

Mit einem *Tag* kann man einem anderen Objekt, meist einem wichtigen Commit, aber auch einem Blob, einen Namen zuweisen. So lassen sich beispielsweise bestimmte Versionen einer Datei oder Releases eines Projekts leichter wiederfinden.[8]

Die Identifizierung der Git-Objekte in der Objektdatenbank erfolgt über eine eindeutige SHA-1-Summe. Dies ist eine Hexzahl mit 40 Stellen. Theoretisch könnte man also jedes Objekt, egal ob Blob, Commit, Tree oder Tag über dessen SHA-1-Summe wiederfinden, was allerdings wenig praktikabel ist. Die Objektdatenbank ist also im Prinzip eine Hash-Tabelle, in der die SHA-1-Summen als Schlüssel für die gespeicherten Objekte dienen.[9]

Der Git-Objektspeicher ist also ein inhaltsadressierbares Speichersystem. Die Eindeutigkeit ist hier gewährleistet, weil der komplette Inhalt eines Objekts zum Hash-Wert beiträgt. Jede noch so kleine Änderung an einer Datei, selbst der Zeitpunkt der Änderung, verursacht dabei eine Änderung des

---

7 [LOE] - S. 1ff
8 [GITBU.CH] - S. 34
9 [GITBU.CH] - S. 36

3

SHA-1-Hash, wodurch die neue Version der Datei separat indiziert wird.[10]
Wie bereits erwähnt, ist es nicht sehr praktisch, wenn man Dateien anhand ihrer SHA-1-Werte referenzieren müsste, und natürlich kann Git Dateien auch mittels ihres Namens finden. Dazu überwacht Git die Pfadnamen und die dazugehörenden Blobs mit dem Index, einem Baumobjekt.[11] Der *Index* ist eine zusätzliche Ebene zwischen dem Arbeitsverzeichnis und dem Repository. Er sammelt die Änderungen, bevor sie durch den eigentlichen Commit in das Repository übertragen werden und beschreibt damit im Prinzip die Verzeichnisstruktur des gesamten Projekts plus eine Menge von geplanten Änderungen.[12] Der Inhalt des Indexes kann vom Benutzer in systematischen, wohldefinierten Schritten geändert werden und erlaubt dadurch eine Trennung zwischen den Entwicklungsschritten selbst und ihrer Bestätigung durch den Commit.[13] Dabei enthält der Index selbst keinerlei Dateiinhalte, sondern verfolgt lediglich, was der Benutzer mit Commits bestätigen will.[14]

Die Unterschiede zwischen dem aktuellen Arbeitsverzeichnis und dem Index kann man sich mit dem Befehl `git diff` anzeigen lassen. So kann man sehen, was mit dem nächsten Commit in das Repository geschrieben werden würde.[15] Die Unterschiede zwischen dem Index und dem Repository zeigt es jedoch nicht an. Diese kann man mit `git status` überprüfen. Für den Fall, dass sich Dateien mit dem Status "Untracked" (s.u.) im Arbeitsverzeichnis befinden oder sich verfolgte Dateien geändert haben, listet Git diese hier auf.

Durch den Index und die Tatsache, dass Git den Inhalt der Dateien (über ihre SHA-1-Werte) und nicht die Dateien selbst (über ihre Namen) verfolgt, kann Git interne Datenmanipulationen relativ einfach und effizient durchführen. Außerdem speichert Git, im Unterschied zu den meisten anderen Versionskontrollsystemen, auf effiziente Weise jede Version jeder Datei und nicht die Unterschiede von einer Version zur nächsten.[16]

Den Status der Dateien im Arbeitsverzeichnis teilt Git in drei Gruppen ein. Diejenigen, die sich im Repository befinden oder im Index bereitgestellt wurden, haben den Status "Tracked", also verfolgt. Sollen Dateien von Git ignoriert werden, was für Notizen, Compilerausgaben, etc. sehr nützlich ist, können diese in die Datei *.gitignore* (s.u.) aufgenommen werden und bekommen dadurch den Status "Ignored". Alle übrigen Dateien haben den Status "Untracked". Das sind zum Beispiel alle neu erzeugten Dateien, die noch nicht mittels `git add` in den Index übertragen wurden.[17]

3 Arbeiten mit Git

3.1 Installation

Unabhängig davon, ob man Git ausschließlich über die Konsole benutzen möchte oder über eine GUI (s.u.) muss man es zunächst einmal installieren. Dazu kann man entweder den Quellcode herunterladen und selbst kompilieren oder ein auf das Betriebssystem zugeschnittenes Paket verwenden.

---

10 [LOE] - S. 36
11 [LOE] - S. 43
12 [LOE] - S. 51
13 [LOE] - S. 35
14 [LOE] - S. 52
15 [LOE] - S. 117
16 [LOE] - S. 36f
17 [LOE] - S. 52f

3.1.1 Git für Linux

Die meisten Linux-Distributionen beinhalten bereits eine Git Version, die aber nicht unbedingt die aktuellste sein muss, weswegen es sich empfiehlt, Git aus dem Quellcode zu installieren. So kann man sichergehen, die neueste Version zu haben. Über die Git Homepage `http://git-scm.com/download` kann man die aktuelle Version herunterladen und mittels

```
$ tar -zxf git-1.7.2.2.tar.gz
$ cd git-1.7.2.2
$ make prefix=/usr/local all
$ sudo make prefix=/usr/local install
```

installieren und kompilieren. Alternativ kann man auch ein Installationsprogramm verwenden, wie apt-get auf Debian-basierten Systemen wie z.B. Ubuntu:

```
$ sudo apt-get install git
```

3.1.2 Git für Mac OS

Für Mac Benutzer gibt es ein grafisches Git Installationsprogramm, welches über die SourceForge Webseite verfügbar ist: `http://sourceforge.net/projects/git-osx-installer/`. Alternativ dazu ist auch eine Installation über MacPort möglich. (`http://www.macports.org`). Mit

```
$ sudo port install git-core +svn +doc +bash_completion +gitweb
```

wird Git auf dem System installiert. Zusätzliche Features wie +svn sind optional. Eine weitere Alternative ist die Installation über Homebrew: (`http://brew.sh/`) mit folgendem Befehl:

```
$ brew install git
```

3.1.3 Git für Windows

Für Windows gibt es ein Installationsprogramm unter `http://msysgit.github.com/`, welches sowohl eine Kommandozeilenversion inklusive SSH Client, als auch die Standard-GUI bereitstellt. Da eigentlich alle Dokumentationen und Quellen zu Git die Unix-Shell verwenden, macht es durchaus Sinn, die mitgelieferte Shell zu verwenden und nicht die native Windows Shell.[18]

3.2 *Repositories anlegen und verwalten*

3.2.1 Lokale Repositories

Der zentrale Bestandteil beim Arbeiten mit Git ist das Repository. Es beinhaltet die Dateien des Projekts sowie alle Informationen, um das Projekt und seine Versionen zu speichern und zu verwalten. Darüber hinaus gibt es bei Git, im Gegensatz zu den meisten anderen Versionskontrollsystemen, auch noch eine Kopie des Repository selbst, und nicht nur der Dateien im Repository. Diese Daten werden alle im Arbeitsverzeichnis in einem versteckten Unterverzeichnis namens .*git* gespeichert.[19]

Dieses Arbeitsverzeichnis ist der sogenannte "Working Tree". Hier werden die Dateien bearbeitet

---

18 [CHA] - Kapitel 1.4, 21.12.2017
19 [LOE] - S. 33f

beziehungsweise neue Dateien, die in das Repository übernommen werden sollen, abgelegt. Über einen Commit gelangen diese dann in das Repository. Der Commit enthält neben den Änderungen auch Metadaten, wie den Autor, den Zeitpunkt und eine (möglichst aussagekräftige) Commit Nachricht, die die Änderungen beschreibt. Welche Dateien man genau in seinem aktuellen Arbeitsverzeichnis vorfindet, hängt aber nicht nur vom Repository ab, sondern auch vom aktuellen Branch (Zweig), in dem man sich befindet. Der HEAD bezeichnet dabei eine Referenz auf den neuesten Commit im aktuellen Branch, also die neueste Version.[20]

Um ein lokales Repository zu erstellen genügt es, in einem Verzeichnis den Befehl git init aufzurufen. Git erstellt dann aus diesem Verzeichnis das Repository. Die dort befindlichen Dateien dem Repository hinzufügen kann man mit git add .. Anschließend kann mit einem Commit der aktuelle Zustand festgehalten werden:

```
$ cd /path/to/my/project
$ git init
$ git add .
$ git commit21
```

Üblicherweise ist der Arbeitsablauf dann so, dass die Änderungen an den Dateien mittels Editor vorgenommen werden, anschließend mit add in den Index geschriebe und am Ende per Commit in das Repository übertragen werden. Natürlich gibt es für jeden der hier gezeigten Git Befehle noch diverse Optionen, auf die hier aber nur bei Bedarf näher eingegangen werden kann.

Git add funktioniert wie gezeigt für Dateien, Verzeichnisse und ihre Unterverzeichnisse. Der Status wird dabei von Git von "Untracked" auf "Tracked" geändert.[22] Das Gegenstück dazu ist git rm. Damit kann man eine Datei aus dem Index löschen, oder sowohl aus dem Index als auch aus dem Arbeitsverzeichnis, allerdings nicht nur aus dem Arbeitsverzeichnis. Der Verlauf der Datei im Repository wird dabei erhalten, was bedeutet, dass alle Versionen der Datei, die bereits Teil des Verlaufs sind, im Repository erhalten bleiben.[23]

Damit man nicht versehentlich mit einer Datei gewollte Änderungen löscht, prüft Git, vor dem Löschen, ob die aktuelle Version dieser Datei mit dem HEAD identisch ist. Falls die Datei dem HEAD oder dem Inhalt des Index entspricht, wird sie gelöscht. Wenn nicht, funktioniert git rm nicht. Es ist allerdings möglich, mit git rm -f ein Löschen trotzdem zu erzwingen. Sollte man aus Versehen etwas gelöscht haben, ist das weniger problematisch, da es in der Natur von Versionskontrollsystemen liegt, frühere Dateien und Versionen wieder herstellen zu können. Mit git checkout HEAD --dateiname stellt Git die letzte Version dieser Datei im Repository wieder her.[24]

3.2.2 Remote Repositories

In den meisten Fällen wird man mit Git wohl an verteilten Repositories arbeiten. Dazu muss zunächst eine Kopie des gewünschten Repository in einem neuen Ordner im Arbeitsverzeichnis erstellt werden. Mit git clone -b branchname URL verzeichnisname wird ein bestimmter Branch des unter der URL liegenden Repository in den Ordner Verzeichnisname kopiert:

```
$ git clone -b myBranch git://git.kernel.org/pub/scm/.../linux.git my-linux
$ cd my-linux
```

---

20 [GITBU.CH] - S. 2
21 [MAN], 21.12.2017
22 [LOE] - S. 54
23 [LOE] - S. 58
24 [LOE] - S. 60

```
$ make²⁵
```

Wenn man keinen Branch spezifiziert, wird der Master Branch genommen, dazu später mehr. Um das lokale Repository mit dem entfernten zu synchronisieren, also dafür zu sorgen, dass beide Commit-Graphen wieder die gleiche Struktur haben, verwendet man die Befehle git fetch beziehungsweise git pull für den Download und git push beziehungsweise git commit für den Upload.²⁶

Der Befehl git fetch holt dabei lediglich die Änderungen aus dem entfernten Repository, fügt sie aber noch nicht in den lokalen Branch ein. Dies geschieht anschließend mittels eines Merge. Da diese Arbeitsschritte relativ häufig gemeinsam vorkommen, bietet git pull eine komfortable Möglichkeit, das Ganze zu beschleunigen, indem es die beiden Schritte vereint.

Das Gegenstück zu git pull lautet folglich git push und dient dazu, Änderungen, die vorher mit git commit lokal in das Repository geschrieben wurden, in das entfernte Repository zu übertragen. Ein Commit alleine genügt dabei nicht, was beim Umstieg von anderen Versionskontrollsystemen auf Git für Verwirrung sorgen könnte.²⁷

Git unterstützt verschiedene Transportprotokolle wie ssh, git, http und https. Zum fetchen kann auch ftp beziehungsweise ftps verwendet werden, was allerdings ineffizient und veraltet ist und nicht mehr genutzt werden sollte. Das Git-eigene Protokoll git://URL unterstützt keine Autorisierung und sollte auf ungesicherten Netzwerken nur mit besonderer Vorsicht verwendet werden. Die Syntax für ssh, git und http(s) lautet:

- ssh://[user@]host.xz[:port]/path/to/repo.git/
- git://host.xz[:port]/path/to/repo.git/
- http[s]://host.xz[:port]/path/to/repo.git/²⁸

3.3 Branches

Ein Branch ist im Grunde nichts anderes als eine Abzweigung vom Projekt, auf dem separat entwickelt werden kann. In der Praxis werden Branches häufig verwendet, um zum Beispiel neue Funktionen zu implementieren und zu testen, bevor diese in den Hauptzweig eingepflegt werden. Ebenso gut können Branches für Bugfixes oder zum Vorbereiten von Releases verwendet werden. Außerdem dienen sie zur Erhaltung älterer Softwareversionen oder zur Trennung der Arbeit von mehreren Entwicklern, in dem jeder auf einem eigenen Branch arbeitet. Mit Git ist sowohl die Verwendung von Branches, als auch ihre Zusammenführung (Merge, s.u.) relativ einfach, so dass es durchaus üblich ist, mehrere Branches an einem Tag zu erstellen und nach dem Merge wieder zu löschen.²⁹

Sobald ein neues Repository angelegt wird, erstellt Git einen Branch, den sogenannten Master (analog zum Trunk in anderen Systemen wie SVN). Dieser unterscheidet sich aber nicht von anderen Branches und kann umbenannt oder gelöscht werden, zumindest so lange noch wenigstens ein anderer Branch zur Verfügung steht.³⁰

Git lässt dabei beliebig viele Zweige zu und eine beliebig komplexe Verzweigungsstruktur. Wichtig ist, dass ein Zweig immer auf einem vorhandenen Commit innerhalb des Repository beruhen muss.

---

25 [MAN], 21.12.2017
26 [GITBU.CH] - S. 139
27 [GITBU.CH] - S. 143
28 [MAN], 21.12.2017
29 [GITBU.CH]- S. 45
30 [GITBU.CH] - S. 3

Von diesem Commit können durchaus mehrere Zweige abgespalten werden, ebenso sind sich verzweigende Zweige gestattet.[31] Um dabei die Übersicht zu behalten, gibt es diverse Tools zur Visualisierung. Unter GitHub kann man sich im Bereich Branches einen Graphen anzeigen lassen, wer auf der Konsole arbeitet, kann dies mit `gitk --all` tun:[32]

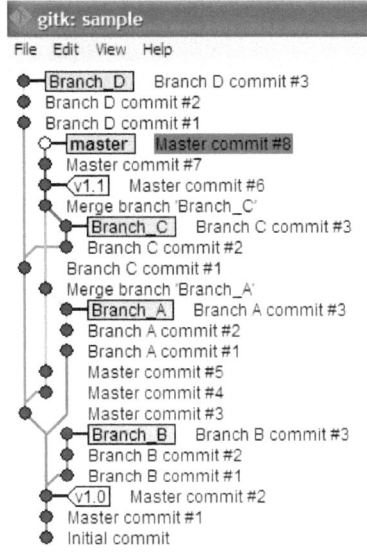

Abbildung 1: Darstellung der Branches mit gitk

Im aktuellen Arbeitsverzeichnis arbeitet man jedoch immer nur auf einem Branch. Um diesen zu wechseln, muss man mit `git checkout -b branchname` in den gewünschten Branch wechseln.[33] Einen neuen Branch kann man mit `git branch neuerBranch` erstellen. Git nimmt dann den aktuell ausgecheckten Commit als Grundlage und legt dessen SHA-1-Wert in der Datei .git/refs/head ab. Dieses Kommando ist extrem schnell, da Git keine Dateien kopieren oder neue Metadaten erstellen muss. Alle Informationen über die Vorgeschichte sind durch die Referenz auf den Ausgangscommit ableitbar.[34]

Da die SHA-1-Summe, wie bereits erwähnt, zum Wiederfinden von Dateien oder bestimmten Commits wenig praktisch ist, kann zu jedem Commit ein Tag hinzugefügt werden. Diese referenzieren, wie Branches auch, ein Objekt. Im Gegensatz zu Branches sind sie jedoch statisch und werden mit neuen Commits nicht verschoben, sondern zeigen immer auf dasselbe Objekt. Sie dienen vor allem dazu, die Entwicklungsgeschichte zu dokumentieren und bestimmte Versionen hervorzuheben und wiederfindbar zu machen. Man kann zwei Arten von Tags unterscheiden: Annotated Tags sind mit Anmerkungen versehen, also mit Metadaten wie dem Autor, einer Beschreibung usw., lightweight Tags hingegen haben keine Metadaten und dienen als reine Zeiger auf ein Objekt.[35]

---

31 [LOE] - S. 101
32 https://stackoverflow.com/questions/5361019/viewing-full-version-tree-in-git, 21.12.2017
33 [LOE] - S. 105
34 [GITBU.CH] - S. 51
35 [GITBU.CH] - S. 55

3.4 Commit

Ein Commit ist im Grunde immer eine Momentaufnahme des Index, der im Objektspeicher abgelegt wird. Dabei werden wie gesagt keine Kopien der Dateien und Objekte erzeugt, (was Unmengen von Speicherplatz kosten würde), sondern der Index wird mit seiner vorherigen Version abgeglichen und Git erstellt eine Liste der von Änderungen betroffenen Dateien und Verzeichnisse. Für alle diese Dateien und Verzeichnisse werden dann neue Blobs erzeugt, während alle ohne Änderungen wiederverwendet werden. Obwohl dieser Prozess sehr aufwendig wirkt, verläuft er sehr schnell und effizient, weil nicht die Inhalte von Dateien, sondern ihre SHA-1-Summen verglichen werden. Wenn zwei Objekte, wie zum Beispiel zwei Bäume, die gleiche SHA-1-Summe haben, sind sie identisch. In dem Git so Teilbäume aussortieren kann, vermeidet es unnötige rekursive Vergleiche.[36]

Den Commit Verlauf implementiert Git als gerichteten azyklischen Graphen, in dem jeder Knoten einen Commit darstellt. Die Kanten verlaufen von den Nachfahrenknoten zu den Elternknoten:[37]

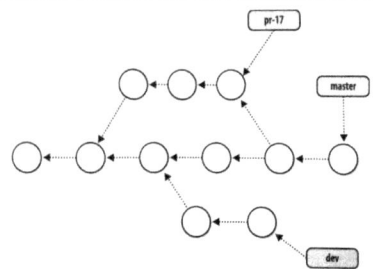

Abbildung 2: Vereinfachter Commit-Graph

Neben dem Verfolgen von Änderungen dient ein Versionskontrollsystem wie Git aber natürlich auch dem Wiederherstellen älterer Versionen von Dateien oder ganzen Repository-Zuständen. Außerdem müssen gelegentlich bestimmte Änderungen rückgängig gemacht werden. Für diese Schritte gibt es die Kommandos checkout, reset und revert.[38]

Das Kommando git checkout kann, wie oben beschrieben, sowohl zum Wechseln in einen anderen Branch verwendet werden, als auch um eine frühere Version des aktuellen Branches wiederherzustellen. Mit git checkout revision . (im Hauptverzeichnis des Projekts ausgeführt) wird der entsprechende Commit wiederhergestellt. Für revision wird entweder die SHA-1-Summe eingesetzt, oder, wenn vorhanden, der Tag. Mit dem Kommando git revert kann man die Änderungen, die durch einen Commit entstanden sind, rückgängig machen. Dabei wird der Commit nicht gelöscht, sondern es wird lediglich ein neuer erstellt, dessen Änderungen genau dem Gegenteil des vorhergehenden Commits entsprechen: Gelöschtes wird hinzugefügt und umgekehrt. Natürlich kann man das auch für einzelne Dateien machen. Will man tatsächlich einen Commit gänzlich löschen, kann man dies mit git reset. Danach zeigt der HEAD und wahlweise auch der Index auf einen bestimmten Commit. Der andere Commit ist zwar zunächst noch da, aber so lange kein Branch mehr auf ihn zeigt, nicht erreichbar. Git löscht solche Commits nach 30 Tagen automatisch, bis dahin könnte man wieder einen Branch erzeugen, der auf diesen Commit zeigt.[39]

---

36 [LOE] - S. 71
37 [LOE] - S. 83
38 [GITBU.CH] - S. 62
39 [GITBU.CH] - S. 65

3.5 Merge, Rebase und Cherry-Picking

3.5.1 Mergen mit Git

Bei einem Merge sollen zwei oder mehr Zweige wieder zu einem zusammengeführt werden. Dazu berechnet Git zunächst eine Merge-Basis. Das ist in der Regel der Commit, an dem beide Branches sich verzweigt haben oder ein anderer gemeinsamer Vorfahre. Sollte es mehrere Kandidaten geben, nimmt Git den neuesten. Dann vergleicht Git beide Branches. Für jedes Objekt (Tree oder Blob), das in beiden Commits identisch ist, wird dieses genau so in den Merge-Commit übernommen. Wenn eine Datei Unterschiede aufweist, also in mindestens einem Branch geändert wurde, vergleicht Git diese mit der Merge-Basis. Ist eine der Dateien mit der in der Merge-Basis identisch, wurden nur in der anderen Änderungen durchgeführt und Git übernimmt diese. Problematisch wird es erst, wenn in beiden Branches Änderungen an derselben Datei vorgenommen wurden. Git verwendet hierfür einen 3-Wege-Merge-Algorithmus und versucht damit, die Änderungen beider Seiten zu übernehmen. Im Gegensatz zum 2-Wege-Merge-Algorithmus bezieht dieser eben eine dritte Datei, nämlich die aus der Merge-Basis, mit ein. So muss nicht nur anhand von Zeilennummer oder Kontext entschieden werden, wie die Änderungen zusammengeführt werden, was in der Praxis deutlich besser funktioniert. Im Gegensatz zu anderen Versionskontrollsystemen kann Git so bereits viele Merge-Konflikte lösen, ohne dass der Nutzer etwas dazu Beitragen muss. Allerdings kann keine noch so gute Software jeden Konflikt lösen, so dass der Nutzer gelegentlich doch eingreifen muss. Dabei untersützt ihn Git mit diversen Tools, auf die unten näher eingegangen wird.[40] Die Merge Strategie von Git lässt sich außerdem durch diverse Optionen anpassen:

→ *Resolve* ist die oben genannte Strategie, allerdings nur für zwei Zweige.

→ *Rekursiv* ist eine Merge-Strategie, die ebenfalls nur für zwei Zweige funktioniert und sich von resolve dadurch unterscheidet, dass die Zweige, die zusammengeführt werden sollen, mehr als eine gemeinsame Basis besitzen. Ist dies der Fall, erzeugt Git zunächst eine Merge-Basis, indem es alle gemeinsamen Vorfahren in einen temporären Merge zusammenfügt. Dieser dient dann als Basis und wird anschließend wieder gelöscht.

→ Für das Zusammenfügen von mehr als zwei Zweigen dient die *Octopus*-Strategie. Dabei macht Git im Grunde nichts anderes, als rekursiv Zweig für Zweig zu mergen. Dies funktioniert allerdings nur, so lange keine Konflikte, die durch Benutzer entschieden werden müssen, auftreten. Ist dies der Fall, muss Zweig für Zweig ein normaler Merge durchgeführt werden.

→ Mit der Merge-Strategie *Ours* können ebenfalls beliebig viele Zweige zusammengeführt werden. Der Unterschied ist, dass Git hier einfach alle anderen Zweige verwirft und nur den Zustand des aktuellen übernimmt. Das Ergebnis ist also immer identisch mit dem aktuellen HEAD. Sinnvoll ist dieses Vorgehen zum Beispiel, wenn man bereits von Hand Änderungen aus anderen Zweigen übernommen hat und diese nun nur noch "offiziell" zusammenführen will. Das Gegenteil dazu wäre *Theirs,* damit wird der aktuelle mit den anderen überschrieben.

→ Die letzte Strategie, *Subtree*, integriert einen anderen Zweig in den aktuellen, indem sie alles in einen speziellen Teilbaum zusammenführt. Dieser wird durch Git automatisch erzeugt.[41]

---

40 [GITBU.CH] - S. 68ff
41 [GITBU.CH] - S. 73ff

3.5.2 Einen Rebase durchführen

Bei einem Rebase werden nicht die beiden Enden der Branches zusammengeführt, sondern es werden alle Änderungen eines Branches auf einem anderen erneut angewendet. Dazu sucht Git ebenfalls wieder den letzten gemeinsamen Vorfahren der beiden Branches und sammelt die Änderungen, die seitdem im aktuellen Branch gemacht wurden. Diese werden in temporären Dateien gespeichert. Dann wird der aktuelle Branch auf den gleichen Commit gesetzt wie derjenige, auf den man rebasen möchte. Danach werden alle Änderungen auf diesem erneut durchgeführt. Anschließend wird ein Fast-Forward-Merge durchgeführt, um den HEAD wieder auf den aktuellen Commit zu setzen:[43]

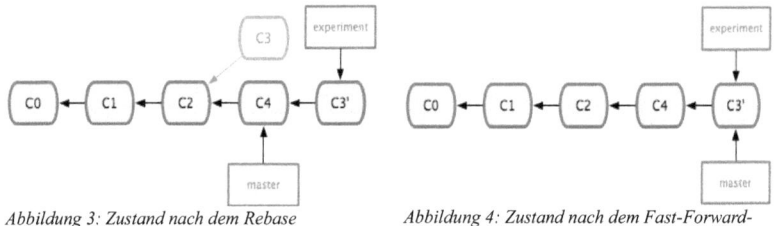

Abbildung 3: Zustand nach dem Rebase   *Abbildung 4: Zustand nach dem Fast-Forward-Merge*

Hierdurch entsteht ein sauberer, linearer Verlauf, obwohl in Wirklichkeit parallel gearbeitet wurde. Rebasing wiederholt also lediglich Änderungen in der Reihenfolge, in der sie entstanden sind, von einem Branch auf einem anderen.

Nachteile hat dieses Vorgehen allerdings auch: Wer solche Branches nach einem Rebase in ein entferntes Repository commited, hebt damit bestehende Commits auf und erstellt stattdessen neue, die zwar inhaltlich ähnlich sein mögen, durch unterschiedliche SHA-1-Summen von Git aber als verschieden wahrgenommen werden. Jeder andere, der seine Arbeit auf diesen aufgehobenen Commits aufgebaut hatte, müsste seine Arbeit nun wieder mergen. Es ist also sehr praktisch, um die eigene Arbeit aufzuräumen, bevor man sie hochlädt. Auf Commits, die bereits öffentlich gemacht wurden, sollte man besser kein rebase anwenden, sondern mit merge arbeiten.[44]

3.5.3 Cherry-Picking

Es ist mit Git möglich, nicht gleich einen ganzen Brach zu integrieren, sondern sich aus einem anderen einzelne Commits "herauszupicken". Dafür verwendet man den Befehl cherry-pick. Dieser benötigt als Parameter den oder die Commits, die in den aktuellen Branch integriert werden sollen:

```
$ git cherry-pick d0c915d
$ git cherry-pick topic~5 topic~1
$ git cherry-pick topic~5..topic~1
```

---

42 [LOE] - S. 153f
43 https://git-scm.com/book/de/v1/Git-Branching-Rebasing, 21.12.2017
44 [CHA] - Kapitel 3.6, 21.12.2017

Beim ersten Beispiel wird der Commit d0c915d kopiert, beim zweiten die beiden angegebenen topic~5 und topic~1 und beim letzten alle Commits, die in der angegebenen Reihe liegen.

Der Unterschied zu einem Merge liegt darin, dass nur die Änderungen integriert werden und nicht die Commits selbst. Es entstehen also neue Commits mit neuer Commit-ID. Dadurch weiß Git anschließend nicht, dass die Commits eigentlich die gleichen sind. Wenn man nun Branches mergen will, zwischen denen man vorher schon teilweise Änderungen mittels cherry-pick ausgetauscht hat, kann es dadurch zu Konflikten kommen. Dies kann man mit den Merge-Strategien *Ours* oder *Theirs* (s.o.) umgehen, die der cherry-pick-Befehl kennt. Will man beispielsweise einen Commit in den aktuellen Branch kopieren und dabei im Konfliktfall immer dem neuen Commit recht geben, kann man das mit:

```
git cherry-pick -Xtheirs <commit>45
```

3.6 Merge Konflikte lösen

Wie beschrieben kommt auch Git beim Merge hin und wieder an seine Grenzen. In diesem Fall muss der Nutzer den Konflikt manuell lösen, wird dabei aber von Git unterstützt. Zum Einen gibt Git sehr genau Feedback darüber, in welcher Datei und an welcher Stelle der Konflikt auftritt. So kann die Datei editiert werden. Hat der Nutzer die Datei bearbeitet, muss der Konflikt-Marker entfernt werden. Danach kann die Datei wieder mit `git add` hinzugefügt werden. Wenn alle Konflikt-Marker entfernt sind, kann die Datei eingecheckt werden.[46] Noch bequemer ist es, ein Merge-Tool zu verwenden. Sowohl Editoren wie Vim oder Emacs, als auch andere Tools wie TortoiseGit haben solch eine Funktion. Dabei werden die Änderungen visualisiert und der Nutzer kann schnell und für jeden Konflikt entscheiden, welche der beiden Seiten übernommen werden soll:[47]

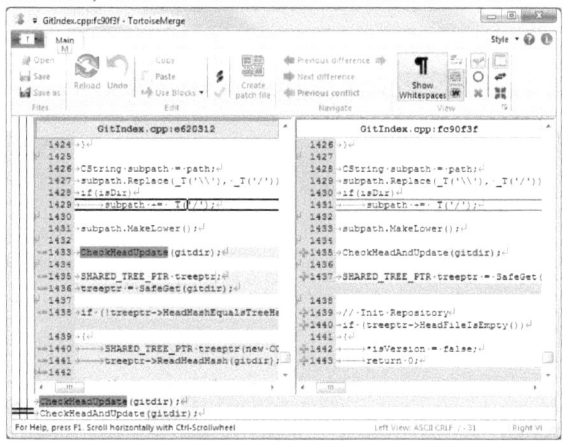

Abbildung 5: Beispiel TortoiseMerge

3.7 Die Datei .gitignore

Eine .gitignore-Datei gilt immer für das Verzeichnis, in dem sie liegt und alle seine

---

45 [GITBU.CH] - S. 86ff
46 [GITBU.CH] - S. 76ff
47 https://tortoisegit.org/docs/tortoisegitmerge/images/TMerge_TwoPane.png, 21.12.2017

Unterverzeichnisse. Ignore-Regeln in Unterverzeichnissen überschreiben dabei diejenigen, die in den Verzeichnissen darüber liegen, sofern sie dieselben Dateien oder Ordner betreffen. Sie können neben konkreten Namen von Dateien und Verzeichnissen auch Dateinamenmuster mit regulären Ausdrücken enthalten. Das Format einer .gitignore-Datei sieht dabei folgendermaßen aus:

➜ Leerzeilen werden ignoriert.

➜ Zeilen, die mit einem # beginnen, werden ebenfalls ignoriert und können für Kommentare, z.B. für die Gliederung verwendet werden.

➜ Eine Zeile mit einem Datei- oder Verzeichnisnamen lässt Git dieses ignorieren.

➜ Ein vorangestelltes ! kehrt das Muster um. So kann man auf einfache Weise ein Muster aus einem übergeordneten Verzeichnis für das aktuelle Unterverzeichnis aufheben.

➜ Sogenannte Shell-Globbing-Zeichen können zum Erzeugen regulärer Ausdrücke verwendet werden:[48]

○ /	=	Verzeichnistrenner
○ ?	=	genau ein beliebiges Zeichen außer /
○ *	=	kein oder mehrere beliebige Zeichen außer /
○ **	=	kein oder mehrere beliebige Zeichen inklusive /

3.8 Konsole vs GUI

3.8.1 Shell

Wer mit sämtlichen Features von Git arbeiten möchte, kommt nicht um die Shell (oder Konsolen-Alternativen anderer Betriebssysteme) herum. Vorhandene GUIs implementieren meist nur die Basisfunktionalitäten.

Dabei kann es durchaus sinnvoll sein, die Shell um entsprechende Funktionalität zu erweitern. Zum Beispiel kann man die Anzeige von Informationen zum Repository in der Eingabeaufforderung integrieren, um nicht permanent git status aufrufen zu müssen. So könnte man sich den aktuellen Branch, den Zustand des Working Tree, Veränderungen, die noch nicht im Index sind und ähnliches anzeigen lassen.

Außerdem hilft eine auf den Nutzer zugeschnittene automatische Eingabevervollständigung dabei, Git Kommandos auch dann richtig einzugeben, wenn man ihre Syntax nicht genau kennt. Auch die automatische Vervollständigung bei remote Operationen wie push oder pull spart viel Zeit.[49]

3.8.2 GitHub

Die wahrscheinlich bekannteste und mit über zehn Millionen Repositories und über drei Millionen Nutzern größte Hosting-Website für Git-Projekte ist GitHub. Sie biete kostenfreies Hosting für Open-Source-Projekte, aber auch kostenpflichtiges für Firmen und Privatpersonen, die zugriffsbeschränkte Repositories benötigen.[50]

Man kann hier nicht nur bequem remote Repositories erstellen, sondern bekommt auch diverse Visualisierungen zu seinem Projekt. Wer wie viel und wann zu dem Projekt beigesteuert hat, erfährt

---

48 [LOE] - S. 64
49 [GITBU.CH] - S. 283ff
50 [GITBU.CH] - S. 297

man unter "Contributors". Die einzelnen Commit-Aktivitäten werden grafisch anschaulich dargestellt, eingeteilt nach Wochentagen und Tageszeiten. Auch die Anzahl der Aufrufe der Projektseite während der letzten drei Monate listet GitHub auf. Außerdem bietet es zahlreiche weitere Features, wie das automatische Erstellen von Quellcode-Archiven als *tar.gz* und *.zip* zum Herunterladen aus Tags. Auch Merges können bequem über das Webinterface ausgeführt werden. GitHub überprüft dabei vorher, ob dieser Konflikte verursachen würde oder nicht. Falls ja, erscheint eine Warnung, wenn nicht lässt sich der Merge mit einem einfachen Click ausführen.[51]

Im Gegensatz zu anderen Plattformen steht bei GitHub der Entwickler im Mittelpunkt. Das bedeutet, dass ein Repository immer einem User zugeordnet wird und nicht andersherum einem Projekt die beteiligten Entwickler. Allerdings ist es auch bei GitHub möglich, Projekt-Konten anzulegen und diesen dann die User zuzuordnen.[52]

3.8.3 TortoiseGit

Wer sein Projekt bei GitHub hostet und nicht unbedingt die volle Funktionalität von Git braucht, kann seine Projekte auf lokaler Seite mit TortoiseGit verwalten. Diese freie grafische Benutzeroberfläche für Windows ist als Shell-Erweiterung implementiert und integriert sich in den Windows-Explorer. Damit ist es nicht von einer konkreten IDE abhängig. Mittels Overlay-Icons wird der Status der Dateien und Verzeichnisse angezeigt. Über das Kontextmenü können die wichtigsten Befehle wie commit, push, pull, add, merge usw. ausgeführt werden. Dabei basiert TortoiseGit auf TortoiseSVN und wurde um einige Git-spezifische Aspekte erweitert. Um mit TortoiseGit arbeiten zu können, muss zusätzlich ein Kommandozeilen-Git installiert sein.[53]

4 Git Tools

4.1 Stagen

Es gibt bei Git die Möglichkeit, nur ausgewählte Änderungen zu committen und nicht alle, die getätigt wurden, auf einmal. So kann man bestimmte Änderungen erst einmal weglassen und Commits logisch gruppieren. Das Ganze nennt sich Stagen und funktioniert interaktiv, in dem man git add mit der Option -i oder --interactive aufruft. Git startet dann einen interaktiven Shell-Modus, der die möglichen Optionen und einen Prompt ("What now") anzeigt. Im Prinzip ist die Ansicht ähnlich wie bei git status, nur mit weniger Informationen. Man kann hier ebenfalls sehen, welche Dateien sich bereits in der Staging Area befinden.

```
$ git add -i
              staged     unstaged path
   1:      unchanged       +0/-1 TODO
   2:      unchanged       +1/-1 index.html
   3:      unchanged       +5/-1 lib/simplegit.rb

*** Commands ***
   1: status     2: update      3: revert      4: add untracked
   5: patch      6: diff        7: quit        8: help
What now>
```

Abbildung 6: interaktiver Shell-Modus

Mit der Option "2" beziehungsweise "u" für update lassen sich dann Dateien hinzufügen, in dem

---

51 [GITBU.CH] - S. 301ff
52 [GITBU.CH] - S. 299
53 https://tortoisegit.org/about/, 21.12.2017

man einfach die ihnen zugeordneten Zahlen aus der Listenansicht im "Update" Prompt eingibt:

```
What now> 2
            staged      unstaged  path
    1:    unchanged      +0/-1    TODO
    2:    unchanged      +1/-1    index.html
    3:    unchanged      +5/-1    lib/simplegit.rb
Update>>
```

Abbildung 7: der Update-Prompt

Also zum Beispiel die 2 für die Datei "index.html".

Statt kompletten Dateien kann man auch einzelne Abschnitte aus einer Datei zur Staging Area hinzufügen. Auf dem interaktiven Prompt wählt man dafür "5" oder "p" für patch. Danach wählt man die entsprechende Datei aus und bekommt von Git eine Liste aller Änderungen (diffs) in dieser Datei präsentiert. Für jeden dieser Abschnitte kann man dann entscheiden, ob man ihn stagen möchte, oder nicht. Hat man dies gemacht, kann man den interaktiven Modus verlassen ("7") und einen Commit ausführen, um die gestageten Änderungen zu übertragen. Wenn man schon genau weiß, dass man nur Teiländerungen stagen will, kann man den interaktiven Modus auch überspringen und mit $ git add -p oder $ git add --patch direkt das Skript zum teilweisen patchen starten.[54]

4.2 Stashen

Es kommt häufig vor, dass man während der Arbeit an einem Branch in einen anderen wechseln möchte, ohne die Änderungen vorher zu committen, zum Beispiel, weil sie noch nicht fertig und fehlerhaft sind. Man will sie aber auch nicht verwerfen, sondern später an diesem Punkt weiterarbeiten. Für dieses Problem gibt es den Befehl $ git stash. Dabei werden alle Änderungen, die an beobachteten Dateien ausgeführt wurden, sowie die Dateien aus der Staging Area in einem Stack gespeichert. Nun kann man den Branch wechseln. Kommt man später wieder zu dem gestashten Branch zurück, kann man die Änderungen wieder vom Stack holen und erneut auf das Arbeitsverzeichnis anwenden.

Eine Übersicht über die vorhandenen Stashes erhält man mit $ git stash list.

Will man einfach den letzten Stash verwenden, geht das mit $ git stash apply, ansonsten hängt man den Namen des älteren Stashes als Option an: $ git stash apply stash@{2} zum Beispiel. Genau so kann man die gestashten Änderungen nach dem Wechsel in einen anderen Branch auf diesen anwenden. Können die Änderungen aus irgendwelchen Gründen nicht angewendet werden, zeigt Git einen Merge-Konflikt an.

Nachdem ein Stash mit apply auf einen Branch angewandt wurde, verbleibt er trotzdem noch im Stack. Um ihn daraus zu löschen, verwendet man $ git stash drop stashname.[55]

Will man den Stash anwenden und, bei fehlerfreier Ausführung, löschen, geht das mittels $ git stash pop. Um alle Stashes aus der Liste zu löschen, benutzt man $ git stash clear, allerdings fragt Git hier nicht nach, man sollte es also nur anwenden, wenn man sich seiner Sache sicher ist.[56]

Eine weitere hilfreiche Option ist $ git stash branch: damit wird ein neuer Branch auf Grundlage des Commits, auf dem der Stash erstellt wurde, erzeugt. Auf diesen wird der Stash dann angewendet und vom Stack gelöscht, sofern kein Fehler auftritt. Man hat nun einen eigenen Branch

---

54 [CHA] - Kapitel 6.2, 21.12.2017
55 [CHA] - Kapitel 6.3, 21.12.2017
56 [RIE] - S. 46f

für die vorgenommenen Änderungen.[57]

4.3 Debugging mit blame und bisect

Git bietet die Möglichkeit, Fehler, die zwischen verschiedenen Commits entstanden sind, zu finden. Natürlich sind diese Werkzeuge sehr generisch, immerhin sollen sie für möglichst viele heterogene Projekte anwendbar sein. Dabei gibt es zwei verschiedenen Varianten: man weiß, in welcher Datei der Fehler liegt, oder man weiß es nicht. Im ersten Fall kann einem die sogenannte File Annotation weiterhelfen. Mit git blame lässt man sich die Datei, in der der Fehler steckt, anzeigen. Git listet auf, welche Zeile von welcher Person (daher blame...) und an welchem Datum geändert wurde. Außerdem kann man mit dieser Methode Code wiederfinden, der aus einer anderen Datei stammt: mit $ git blame -C dateiname analysiert Git die Datei und versucht, in der Versionsgeschichte die entsprechenden Codezeilen zu finden.

Für den zweiten Fall, wenn man nicht weiß, wo genau der Fehler liegt und seit wann er auftritt, kann man git bisect verwenden. Dieses Tool hilft dabei, den Commit zu bestimmen, an dem der Fehler zum ersten Mal auftrat. Man beginnt mit dem Befehl $ git bisect start und gibt anschließend mit $ git bisect bad an, dass der aktuelle Commit einen Fehler aufweist. Mit $ git bisect good commit teilt man Git mit, bei welchem Commit noch alles in Ordnung war. Anschließend sagt einem Git, wie viele Commits zwischen den beiden liegen und checkt automatisch den mittleren aus. Auf diesem kann man nun testen, ob der Fehler auftritt, also in einem früheren Commit entstanden ist, oder nicht, d.h. bei einem späteren Commit erstmals auftrat. Diesen Vorgang wiederholt man nun so lange, bis man den richtigen Commit gefunden hat. Am Ende sollte man mit $ git bisect reset wieder den Ausgangszustand herstellen, den man ausgecheckt hatte, bevor man bisect gestarten hat. Falls man ein Skript hat, um herauszufinden, ob das Projekt ordnungsgemäß läuft oder nicht, lässt sich dieser Vorgang auch automatisieren, was besonders in großen Projekten mit sehr vielen Commits hilfreich sein kann. [58]

4.4 Submodule

Mit Hilfe von Submodulen kann man in ein Git Projekt andere Projekte einbinden. Das ist dann nützlich, wenn man in einem Projekt zum Beispiel bestimmte Bibliotheken verwenden möchte, diese aber unabhängig vom eigentlichen Projekt weiterentwickelt werden sollen. Diese Submodule in Git sind im Prinzip eigene Projekte, die in Unterverzeichnissen anderer Projekte liegen. So lassen sich die Commits sauber trennen und trotzdem kann man andere Projekte in das eigene klonen. Dazu muss man ein Unterverzeichnis erstellen und das gewünschte Projekt mit $ git submodule add dort hinein klonen. Innerhalb dieses Submoduls kann man exakt dieselben Operationen durchführen wie in dem Superprojekt.

In der Datei *.gitmodules* werden die Submodule verwaltet. Hier speichert Git Informationen darüber, welche URL eines geklonten Unterprojekts zu welchem Unterverzeichnis gehört. Diese Datei wird erst angelegt, wenn das erste Submodul erzeugt wird, bei weiteren Submodulen wird sie um die entsprechenden Einträge ergänzt. Da sie, ebenso wie *.gitignore*, in die Versionskontrolle aufgenommen wird, erfahren andere Entwickler, die ebenfalls an dem Projekt arbeiten, mit dem Herunterladen dieser Datei, woher sie die Projekte für die Submodule bekommen können.

Führt man Änderungen in einem dieser Unterverzeichnisse durch und commitet diese, dann merkt sich auch das Superprojekt diesen Commit. So ist gewährleistet, dass in der Versionsgeschichte

---

57 [CHA] - Kapitel 6.3, 21.12.2017
58 [CHA] - Kapitel 6.5, 21.12.2017

immer der komplette Zustand des Projekts abgelegt wird, inklusive der Zustände seiner Unterverzeichnisse.

Zu beachten ist, dass beim Klonen eines Projekts, welches Submodule enthält, die entsprechenden Unterverzeichnisse zwar erstellt werden, aber zunächst leer bleiben. Diese muss man mit `$ git submodule init` aktivieren. Der Befehl initialisiert die *.gitmodules* Datei. Anschließend können mit `$ git submodule update` die entsprechenden Projekte über die in der *.gitmodules* Datei hinterlegten URLs ausgecheckt werden.

Die Arbeit in einem Submodul birgt allerdings gewisse Risiken. Im Gegensatz zum Superprojekt, wo immer ein bestimmter Branch ausgecheckt wird, checkt Git bei den Submodulen nur den Zustand des Commits aus. Das bedeutet, der HEAD zeigt hier direkt auf einen bestimmten Commit und nicht wie sonst auf eine Referenz, wie einen Branch. Dieser Zustand nennt sich "detached HEAD". Das Problem dabei ist, dass dadurch Änderungen verloren gehen können. Würde man nämlich `$ git submodule update` aufrufen, anschließend im Submodul arbeiten und dort einen Commit ausführen ohne die Änderungen in das Superprojekt einzuchecken und dort später erneut `$ git submodule update` ausführen, dann sind die Änderungen nicht mehr erreichbar, da es keinen Branch gibt, der auf diesen Commit zeigt. Dies lässt sich vermeiden, wenn man in dem entsprechenden Submodul zunächst einen Branch erstellt und auf diesem arbeitet. Wird danach wieder ein Submodul Update im Superprojekt ausgeführt, würde zwar wieder der ursprüngliche Commit ausgecheckt werden, jedoch hätte man nun einen adressierbaren Branch, den man problemlos wieder auschecken kann.

Ein weiteres Problem entsteht, wenn man in einem Branch des Superprojekts ein Submodul erzeugt hat und dann in einen anderen Branch wechselt. Das Unterverzeichnis des Submoduls befindet sich dann trotzdem noch im Arbeitsverzeichnis und wird so dargestellt, als ob es weiterhin verfolgt wird. Falls man es löscht, müsste man es wieder komplett neu klonen, sobald man in den Zweig, in dem es erstellt wurde, zurück wechselt. Abgesehen davon, dass man eventuelle Änderungen verlieren könnte. Alternativ bleibt das Verschieben des Verzeichnisses oder das Hinzufügen zum anderen Branch.

Auch bereits vorhandene Unterverzeichnisse in Submodule umzuwandeln ist nicht ganz unproblematisch, wenn diese bereits von Git verwaltet werden und nun ein eigenes Submodul bilden sollen. Wenn sie aktuell sind, kann man sie aber aus der Staging Area entfernen `$ git rm -r verzeichnis` und dann wie oben beschrieben als neues Submodul anlegen.[59]

4.5 Git Hooks

Git-Hooks sind Skripte, die immer zu bestimmten Ereignissen ausgeführt werden sollen. Es existieren sowohl clientseitige, die zum Beispiel bei einem Commit oder Merge ausgeführt werden können, als auch serverseitige Varianten, die beispielsweise beim Empfang von Commits aufgerufen werden. Hooks werden immer im Unterverzeichnis "hooks" abgespeichert, also in den meisten Fällen unter *.git/hooks*. In diesem befinden sich einige Beispielskripte, die entweder übernommen oder abgeändert werden können. Sie enden auf *.sample* und müssen daher vor der Benutzung umbenannt werden. Es sind zwar allesamt Shellskripte (mit gelegentlich etwas Perl Code), aber im Grunde kann man jede beliebige Skriptsprache (z.B. Ruby oder Python) zur Erstellung eigener Hooks verwenden. Voraussetzung ist, neben der Ausführbarkeit, dass das Skript korrekt benannt wird.

Die wichtigsten Hook-Dateinamen auf Clientseite sind *pre-commit*, *commit-msg* und *post-commit*.

---

59 [CHA] - Kapitel 6.6, 21.12.2017

Wie der Name schon sagt, wird *pre-commit* vor dem Commit ausgeführt, sogar noch vor Eingabe der Commitnachricht. Er kann benutzt werden, um das Arbeitsverzeichnis zu überprüfen, bevor ein Commit stattfindet. Der *commit-msg* Hook dient der Überprüfung der Commitnachricht und benötigt als Parameter den Pfad zur Datei mit eben jener Nachricht. Der *post-commit* Hook wird logischerweise nach dem Commit ausgeführt und dient üblicherweise zum Versenden von Benachrichtigungen nach einem erfolgreichen Commit.

Alle Hooks auf Clientseite können vom Benutzer angepasst werden, sie sind rein lokal und werden nicht mit ins Repository übertragen. Auf dem Server hingegen dienen sie zum Erzwingen bestimmter Regeln für Commits. Werden diese nicht eingehalten, können Commits automatisch abgelehnt und der Autor informiert werden. Das erste Skript wird bei Empfang eines Push ausgeführt: *pre-receive*. Mit ihm kann man zum Beispiel Berechtigungen prüfen oder ausschließlich Fast-Forward-Pushes akzeptieren. Der *post-receive* wird erst nach einem Push durchgeführt. Mit ihm kann man unter anderem E-Mails an einen Verteiler versenden, die Commit-Message auf nötige Ticketänderungen überprüfen usw. Allerdings gilt der Push-Prozess erst als beendet, wenn das Skript durchgelaufen ist, das heißt der Client muss auch so lange mit dem Server verbunden bleiben, weshalb solche Skripte nicht zu viel Zeit in Anspruch nehmen sollten.[60]

5 Git und SVN

Git bietet die Möglichkeit, mit verschiedenen anderen Versionsverwaltungssystemen zusammen zu arbeiten. Das prominenteste davon ist SVN (Apache Subversion). Git unterstützt dabei nicht nur die Migration von SVN-Repositories nach Git, sondern man kann auch lokal an einem Git-Repository entwickeln, welches entfernt als SVN-Repository vorliegt. Beides funktioniert mit der Schnittstelle `git-svn`, welche über `git svn <befehl>` aufgerufen werden kann. So kann man lokal alle Vorteile von Git auch auf einem SVN-Repository nutzen, welches nicht migriert werden kann oder soll. [61]

5.1 Zu Git wechseln

Für die Migration eines SVN-Projekts zu Git muss man einige Vorbereitungen treffen und, je nach Projektgröße, einiges an Zeit mitbringen. So benötigt Git, im Gegensatz zu SVN, Informationen über die beteiligten Autoren (Namen und E-Mail-Adressen). Außerdem sollte man sich über die Struktur des Repository im Klaren sein und über die Metadaten zu den Revisionen. Bei SVN werden zwar auch Benutzerdaten geführt, allerdings unterscheidet SVN nicht zwischen einem Autor und einem Committer, Git hingegen schon. Damit Git bei der Migration die Benutzerdaten in sein eigenes Format übertragen kann, muss im Vorfeld eine sogenannte Authors-Datei angelegt werden. Der Pfad zu dieser Datei wird dann im eigentlichen Migrationsbefehl mit übergeben. Sie enthält pro Zeile den Benutzernamen, den richtigen Namen und die E-Mail-Adresse jedes am Repository beteiligten Autors:

```
jplenz  = Julius Plenz <julius@plenz.com>
vhaenel = Valentin Haenel <valentin.haenel@gmx.de>
```

Bei SVN ist es möglich, mehrere Projekte in einem einzigen Repository zu verwalten. Da Git sich hierfür nicht unbedingt eignet, sollte bei einer Migration pro Projekt ein eigenes Git-Repository erstellt werden.[62] Mit der Option no-metadata kann man Git anweisen, keine Metadaten mit

---

60 [CHA] - Kapitel 7.3, 21.12.2017
61 [GITBU.CH] - S. 257
62 [GITBU.CH] - S. 259

einzubeziehen. Hat man alles vorbereitet, wird mit dem Befehl clone das SVN-Repository umgewandelt:

```
$ git svn clone http://my-project.googlecode.com/svn/ \ --authors-file=users.txt
--no-metadata -s my_project⁶³
```

Das Durchlaufen dieses Befehls kann dauern, da Git jede bisherige Version des Projekts auschecken muss. Ist es irgendwann fertig, muss noch nachgearbeitet werden. Zum Beispiel unterscheiden sich Tags in SVN kaum von Branches, daher erstellt Git daraus zunächst keine Git-Tags, sondern eben Branches, sogenannte Subversion-Tracking-Branches.⁶⁴ Diese kann man allerdings verhältnismäßig einfach in echte (lightweight) Git-Tags umwandeln:

```
$ git for-each-ref refs/remotes/tags | cut -d / -f 4- | grep -v @ | while read
tagname; do git tag "$tagname" "tags/$tagname"; git branch -r -d "tags/
$tagname"; done
```

Der Befehl nimmt alle Branches, die mit "tag/" beginnen und macht lightweight Tags aus ihnen. Als nächstes kann man noch alle anderen Remote-Referenzen verschieben, damit sie richtige lokale Zweige sind:

```
$ git for-each-ref refs/remotes | cut -d / -f 3- | grep -v @ | while read
branchname; do git branch "$branchname" "refs/remotes/$branchname"; git branch
-r -d "$branchname"; done
```

Nun hat man aus allen Tags richtige Git-Tags erstellt und aus allen Zweigen Git-Branches.⁶⁵

Zuletzt kann man noch diverse überflüssige Referenzen löschen. Beispielsweise erstellt Git aus dem Trunk des SVN-Repository einen eigenen Branch, der aber auf denselben Commit zeigt, wie der Master. Will man diesen entfernen, kann man das mittels

```
$ git branch -d trunk
```

tun. Falls sich noch Branches im Repository befinden, die schon in den Master gemerged wurden, kann Git diese automatisch über

```
$ git checkout master
$ git branch --merged | grep -v '^*' | xargs git branch -d
```

entfernen. Alles, was sich an doppelten Konfigurationsdateien im Verzeichnis .git/ und in der Repository-Konfiguration befindet, kann über

```
$ rm -r .git/svn
$ git config --remove-section svn
$ git config --remove-section svn-remote.svn
```

entsorgt werden. Anschließend kann das so bereinigte Repository, wenn gewünscht, in ein Remote-Repository hochgeladen werden:

```
$ git remote add $ git push --mirror ⁶⁶
```

5.2 Bidirektionale Kommunikation

Will man nur auf dem SVN-Repository arbeiten, muss man es zunächst, ähnlich wie bei der Migration, klonen: Zunächst wird die Autoren-Datei erstellt, dann wird das SVN-Repository geklont

---

63 [CHA] - Kapitel 8.2, 21.12.2017
64 [GITBU.CH] - S. 259
65 [CHA] - Kapitel 8.2, 21.12.2017
66 [GITBU.CH] - S. 268

und Git erzeugt daraus ein lokales Git-Repository. Die Nachbearbeitung ist allerdings weder nötig noch sinnvoll, da es ja weiterhin ein SVN-Repository bleiben soll. Ebenso darf man die oben genannte Option --no-metadata nicht verwenden, da die Metadaten sonst verschwinden würden, diese aber für die Zuordnung der SVN Commits und Revisionen noch benötigt werden.

Das Herunterladen neuer Versionen funktioniert wie bei git fetch mit git svn fetch. Dabei werden alle neuen Subversion Versionen heruntergeladen und intern in Git-Commits übersetzt. Anschließend aktualisiert Git die Subversion-Tracking-Branches. Das Arbeiten erfolgt wie bei einem normalen lokalen Git-Repository. Will man seine Arbeit wieder hochladen, gibt es bei git-svn allerdings ein paar Besonderheiten, die man beachten muss. So können keine lokalen Git-Merges auf SVN-Merges abgebildet werden. Lineare Verläufe per git svn dcommit hochzuladen ist hingegen kein Problem, weshalb sich hier ein Rebase statt einem Merge (s.o.) anbietet. Ein beispielhafter Arbeitsablauf sähe demzufolge so aus:

```
$ git add/commit ...
$ git svn rebase
$ git svn dcommit 67
```

6 Git auf dem Server

6.1 Das Git-Protokoll

Änderungen in Repositories werden in Git über Commits ausgetauscht. Ein Commit ist also die kleinste Einheit, die übertragen wird. Für den Fall, dass sich zwischen zwei Versionen mehrere Commits angesammelt haben, wäre es nicht gerade effizient, diese einzeln zu übertragen, besonders wenn es sehr viele sind. Daher fasst Git die Commits in sogenannten Packfiles zusammen, bevor sie übertragen werden. Auch zur Speicherung von älteren Commits nutzt Git dieses effizientere und platzsparende Format. Die Übertragung verläuft standardmäßig über das eigene Git-Protokoll, welches sehr simpel gehalten ist. Neben der Festlegung, welche Daten gesendet werden sollen, können Sender und Empfänger festlegen, welche Datenmenge mindestens übertragen werden muss um eine Synchronisierung zu erzielen. Eine Möglichkeit zur Authentifizierung von Sender oder Empfänger gibt es jedoch nicht, das reine Git-Protokoll kann dadurch für anonymen Lesezugriff uneingeschränkt verwendet werden. Allerdings verwendet Git SSH als Voraussetzung zum Hochladen von Daten. Statt dem Git-Protokoll kann auch Http(s) oder FTP(s) verwendet werden, ersteres wird von GitHub beispielsweise als Standardmethode unterstützt.

Damit der Schreibzugriff per SSH erfolgen kann, ohne dass dem Nutzer gleich der Zugriff auf das gesamte System gestattet sein muss, liefert Git eine eigene Shell mit, die git-shell. Auf ihr können nur wenige, für das Hoch- und Runterladen von Packfiles notwendige, Befehle ausgeführt werden. Weist man einem Nutzer also die git-shell zu, kann dieser nur in den Repositories, für die er Schreibrechte hat, Commits hochladen und sich nicht per SSH auf dem System einloggen. Alle anderen Kommandos verweigert die git-shell, es sei denn, man aktiviert ihren interaktiven Modus für den entsprechenden Nutzer, dann funktioniert sie wie eine normale Shell.

Da man in der git-shell keine Passwörter eingeben kann, und die Vergabe von Accounts und Passwörtern auch einen gewissen Aufwand bedeutet, funktioniert die Authentifizierung in der Regel über das Public-/Private-Key Verfahren, welches von SSH unterstützt wird. So muss der Nutzer nicht ständig ein Passwort eingeben und der Administrator sich nicht um Passwortänderungen

---

67 [GITBU.CH] - S. 274

kümmern. Lediglich ein entsprechendes Schlüsselpaar muss vorhanden sein bzw. generiert werden.[68]

6.2 Gitolite

Statt also umständlich Benutzer, deren Passwörter und Rechte zu verwalten, werden lediglich die öffentlichen Schlüssel der zugriffsberechtigten Nutzer verwaltet. Das Programm Gitolite dient der Verwaltung dieser Schlüssel, ohne dass die Nutzer einen richtigen Account auf dem System benötigen. Stattdessen wird auf dem Server nur ein einziger "richtiger" Benutzer angelegt, alle anderen loggen sich ausschließlich mit ihrem SSH-Schlüssel auf diesem einen Account ein. Gitolite weiß, welcher Schlüssel zu welchem Nutzer gehört und auf welche Repositories dieser zugreifen darf.[69]

6.3 GitWeb

Einen eigenen Webserver bringt Git zwar nicht mit, aber eine browserbasierte Visualisierung namens GitWeb. Damit kann man die Versionsgeschichte durchsuchen, sich Details zu Commits anschauen usw. Darüber hinaus kann man jeden Commit auch direkt als Tar-Archiv herunterladen. Um eine temporäre Version zu starten, dient der Befehl `$ git instaweb`, der per default lighthttpd als Browser verwendet. Will man einen anderen Browser dafür nutzen, geht das mit der Option -httpd, also `$ git instaweb -httpd=browser`. Der Befehl startet den Webserver und ruft die Seite im Browser auf. Das Kommando muss dabei immer auf der obersten Ebene des Git-Verzeichnisses ausgeführt werden. Will man den temporären Server wieder stoppen, geht dies mit `$ git instaweb -stop`.[70]

Wer einen dauerhaften Webserver einrichten will, muss ein entsprechendes CGI-Skript erstellen, welches von einem Webserver zur Verfügung gestellt werden kann. GitWeb funktioniert dabei mit jedem Server, der CGI-fähig ist.

Ist alles eingerichtet und der Server neu gestartet, kann man die Repositories über die Seite `http://gitservername/` in GitWeb anschauen und über `http://git.gitservername` klonen oder fetchen.[71]

7 Vor- und Nachteile von Git

Ein großer Vorteil ist sicher die lokale Kopie des Repository. So kann man immer komplett auf lokaler Ebene arbeiten, selbst wenn das eigentliche Repository auf einem Server liegt. Erst wenn man die Änderungen auschecken möchte, muss eine Netzwerkverbindung zur Synchronisierung vorhanden sein. Dabei kann man in der kompletten Versionsgeschichte sowie zwischen sämtlichen Branches springen, ohne sich mit dem Server verbinden zu müssen. Lediglich das erste Klonen eines großen Repository kann dadurch viel Zeit in Anspruch nehmen, alle weiteren Operationen gehen vergleichsweise schnell.

Trotz der großen Menge an Daten, die Git verwaltet, ist es sehr performant und effizient. Das betrifft sowohl die Art und Weise, wie Git Daten speichert, als auch das Versenden der Daten über das Netzwerk. Ist ein Repository also erst einmal geklont, spielen Wartezeiten eigentlich keine relevante Rolle mehr, abhängig davon, wie schnell das eigene System und die Leitung zum Server ist, natürlich. Sogar das Erstellen neuer Branches dauert nur so lange, wie das Erstellen einer Datei oder

---

68 [GITBU.CH] - S. 191ff
69 [GITBU.CH] - S.196ff
70 [GITBU.CH] - S. 209ff
71 [CHA] - Kapitel 4.6, 21.12.2017

eines Verzeichnisses auf dem Betriebssystem, da Git ja keine Daten kopieren muss, sondern lediglich Referenzen erzeugt. Das Löschen ist genau so schnell und ebenso das Mergen, vorausgesetzt, es treten keine Konflikte auf, was bei Git durch den vergleichsweise guten Merge-Algorithmus deutlich seltener vorkommt als zum Beispiel bei SVN.

Ein weiterer Vorteil von Git ist, dass man die Versionsgeschichte manipulieren kann. Dies unterscheidet Git von den meisten anderen Versionskontrollsystemen. Man kann frühere Versionen nicht nur wiederherstellen, sondern auch ändern, aktualisieren und dann wieder in der Reihenfolge, wie die Revisionen im Repository gespeichert sind, ablegen. Darüber hinaus kann man Änderungen an einem Branch direkt in einen anderen übernehmen und hat diverse weitere Funktionen, um mit einem oder mehreren Zweigen effizient arbeiten zu können.

Das Arbeiten mit Branches kann als Kernfunktion von Git betrachtet werden und die Unterstützung dieser Arbeitsweise zeigt sich nicht nur in der Geschwindigkeit. Wie beschrieben können beliebig viele Zweige erstellt und auch gemerged werden. Außerdem stellt Git Funktionen zum Ändern der Verzweigungspunkte und zum Reproduzieren von Änderungen eines Branches auf einem anderen bereit, den sogenannten Rebase.

Auch die Staging Area ist eine Besonderheit von Git. Diese Ebene zwischen dem Arbeitsbereich und dem Repository mag für neue User erst einmal unnötig kompliziert erscheinen, bietet aber viele Vorteile. So können hier Änderungen gruppiert und damit Commits logisch strukturiert werden, was es leichter macht, diese später nachzuvollziehen.

Natürlich hat Git nicht nur Vorteile. Dadurch, dass es sich in einigen Funktionalitäten sehr stark von anderen Versionskontrollsystemen unterscheidet, muss man relativ stark umdenken – besonders wenn man vorher mit einem klassischen zentralen Versionskontrollsystem gearbeitet hat. Die Umstellung auf ein Git Repository hat Auswirkungen auf den Workflow, auf die Strukturierung der Dateien (in Git eher verzeichnisorientiert als auf Dateiverwaltung ausgelegt) und andere Aspekte, so dass es sich nicht zwingend für jedes Projekt lohnt.

Die Vielfalt der Befehle ist bei Git verwirrend hoch. Dazu kommen noch diverse Optionen, die es für fast alle Befehle gibt, so dass die Lernkurve bei neuen Nutzern von Git in der Regel flacher ausfallen dürfte als bei anderen Systemen. Allein zum Einchecken und Auschecken stellt Git mehr als die üblichen zwei Standardbefehle zur Verfügung, dazu kommen noch deren Optionen und das alles muss in der richtigen Reihenfolge passieren, um die Änderungen zwischen den Ebenen auszutauschen. Je mehr man allerdings davon beherrscht, umso mehr Möglichkeiten bietet, um effizient zu arbeiten.

Ein größerer Nachteil ist da die mangelnde Unterstützung für Binärdateien (zum Beispiel Bild- oder Audiodateien). Die meisten Versionskontrollsysteme bieten hier keinen besonderen Support, so auch Git nicht. Ein Problem beim Umgang mit solchen Dateien ist, dass viele Standardoperationen auf ihnen nicht wirklich funktionieren. Da sie Bits und keine Zeichen beinhalten, ist beispielsweise ein diff schwierig. Darüber hinaus sind diese Dateien oft sehr groß im Vergleich zu Textdateien und können nicht so einfach komprimiert werden. Abhilfe schaffen hier höchstens separate Systeme, die speziell dafür ausgelegt sind. Die Git Community hat für dieses Problem eine Lösung auf GitHub entwickelt - das Tool Git LFS (Git Large File Storage). Es speichert Binärdateien in einem eigenen Repository und gleichzeitig Zeiger im normalen Repository, die auf diese Dateien verweisen.

Die Verwendung von SHA-1-Checksummen beim Abspeichern von Dateien oder Commits ist effizient und aus Sicht von Git praktisch und eindeutig. Will man als Nutzer allerdings Versionsnummern kommunizieren oder einfach nur eintippen, ist eine 40-Stellige Hexzahl nicht unbedingt praktikabel. Zwar reichen Git so viele Zeichen, wie zur eindeutigen Identifikation notwendig sind aus, also zum Beispiel die ersten fünf Zeichen der SHA-1-Summe eines Commits, um diesen zu referenzieren, aber auch die sind kryptisch aus Usersicht. Da Versionsnummern fehlen, müssen zu den gewünschten Commits entsprechende Tags erstellt werden.

Ein weiterer Nachteil ist, dass Git standardmäßig keine Möglichkeit zur Autorisierung von Benutzern bietet. Für die lokale Umgebung spielt das keine große Rolle, für das auf einem Server liegende Repository jedoch sehr wohl. Hier muss man entweder die Möglichkeiten des Betriebssystems nutzen, um Gruppen und Benutzer zu erstellen und diesen die benötigten Rechte zuzuweisen, oder den Zugriff über Client-Server-Protokolle wie SSH oder HTTPS regeln. Außerdem ist das Hinzufügen einer externen Anwendungsschicht möglich, die ein differenzierteres Zugriffsmodell implementiert. Diese Varianten lassen sich natürlich auch miteinander verbinden.[72]

Git ist also immer dann eine gute Wahl, wenn man unabhängig von einer permanenten Netzwerkverbindung arbeiten will oder muss oder wenn man den möglichen Verlust eines einzigen Hauptrepository vermeiden will. Ebenso, wenn man ein möglichst schnelles und flexibles Arbeiten mit Branches oder der Versionsgeschichte bevorzugt und nicht zwingend von bestimmten Formen der Zugangsberechtigung abhängig ist (oder gewillt, diese zusätzlich einzurichten).

Wer allerdings mit vielen großen Binärdateien arbeitet, komplexe Zugangsberechtigungen benötigt oder Wert auf eine zentral strukturierte Versionskontrolle legt, ist wahrscheinlich bei SVN oder anderen Systemen besser aufgehoben.

---

72 [LAS] - S. 11ff

Literaturverzeichnis

CHA → Chacon, Scott: *Pro Git. 1st Edition (deutsche Version)*, 2009. URL: https://git-scm.com/book/de/v1. ISBN: 78-1484200773

GITBU.CH → Haenel, Valentin; Plenz, Julius: *Git. Verteilte Versionsverwaltung für Code und Dokumente*, 2011. URL: http://gitbu.ch/git.pdf. ISBN: 978-3941841420

LAS → Laster, Brent: *Professional Git*, 2017. URL: . ISBN: 978-1-119-28497-0

LOE → Loeliger, Jon: *Versionskontrolle mit Git*, 2010. URL: . ISBN: 978-3-89721-945-8

MAN → : *Git User Manual*, . URL: https://www.kernel.org/pub/software/scm/git/docs/user-manual.html. ISBN:

RIE → Riedel, Sven: *Git. kurz & gut*, 2009. URL: . ISBN: 978-3-89721-914-4

Abbildungsverzeichnis

BEI GRIN MACHT SICH IHR WISSEN BEZAHLT

- Wir veröffentlichen Ihre Hausarbeit, Bachelor- und Masterarbeit

- Ihr eigenes eBook und Buch - weltweit in allen wichtigen Shops

- Verdienen Sie an jedem Verkauf

Jetzt bei www.GRIN.com hochladen und kostenlos publizieren